JN436600

당신은 폐암으로
고생을 하다가
하나님 곁으로 떠났습니다.
당신에 대한 추억을 기리기 위해
여기 소 시집을 만듭니다.
하나님 곁에서 고이 잠드소서.
주님의 이름으로 간절히
기도드립니다.

— 당신의 남편

국립중앙도서관 출판시도서목록(CIP)

먼 훗날 : 한정민 시집 / 지은이: 한정민. -- 대전 : 오늘의
문학사, 2014
p. ; cm. -- (오늘의문학시인선 ; 331)

ISBN 978-89-5669-611-9 03810 : ₩8000

한국 현대시[韓國 現代詩]

811.7-KDC5
895.715-DDC21 CIP2014011187

먼 훗날

한정민 시집

오늘의문학사

■ 머리말

사랑하는 당신을 다시는 돌아올 수 없는 하늘나라로 떠나보냈습니다. 3년 2개월 동안 국립암센터에서 당신을 간병하면서 낙서한 것들을 모아 한 권의 책을 만들었소.

여보! 사랑스러운 아들과 딸은 당신이 없어도 잘 자라서 장가도 가고, 아들 딸 둘을 낳았습니다. 벌써 민영이는 중학생, 들바람은 초등학생입니다. 그리고 명숙이도 10년 만에 아이를 낳아서 수민이가 5살이라오.

여보, 우리 모두는 하늘나라에서 보내온 당신의 보살핌에 감사하고 있소. 아들은 한국수자원공사에서, 상희는 나노신소재에서 연구이사로 근무하고, 승표는 선이종합건설에서 밝게 웃으면서 일하고 있습니다. 염려 놓고 고이 잠드소서.

여보, 이승에서 못 다한 사랑을 위해, 저승에서 다시 만날 수 있다면, 영원한 사랑을 꽃피우고 싶소.

이 책은 각종 암으로 투병중인 환자가족을 위한 일에 조금이나마 도움을 주고 싶어 엮었습니다.

2014. 남편 한정민

■ **추천의 글**

가슴을 먹먹하게 하는 순애보(殉愛譜)

— 한정민 첫 시집 『먼 훗날』을 축하하며

문학평론가 리 헌 석
(사) 문학사랑협의회 이사장

1.

한정민 시인의 첫 시집 『먼 훗날』에 수록한 작품을 읽습니다. 시작부터 가슴이 뭉클해지더니 점차 안타까움으로 한숨을 내 쉬게 됩니다. 때로는 너무 절절하여 모르는 사이에 눈물을 흘리며 읽다보니, 아내를 사랑하는 남자의 순정한 가슴을 만납니다. 〈맹세컨대 살아생전/ 당신만을 사랑했습니다.〉라는 고백에 이르러 순수한 사랑에 경탄하게 됩니다.

2.

〈당신은/ 국립암센터 항암주사실에서/ 오늘도/ 일곱 번째 항암주사를 맞고 있습니다.〉로 시작된 한정민 시인의 시는 아내의 투병(鬪病)과 임종(臨終)에 이르는 과정, 이별한 후의 애절한 정

경까지 담아내고 있습니다. 작품을 읽으면서 환자가 겪는 여러 고통들을 마주합니다. 더불어 환자를 돌보는 시인의 눈물겨운 사랑에 가슴이 먹먹해집니다.

병환이 깊어진 시인의 아내는 인공호흡기를 입에 물고 있어 말을 할 수가 없습니다. 눈빛을 주고받으며 마음을 나누거나, 손짓이나 표정으로 뜻을 전달하거나, 때로는 필담(筆談)을 통하여 대화를 합니다. 〈오늘은/ 입에 물린/ 인공호흡기 때문에/ 말을 못하는/ 당신은// 면회시간에 가져온/ 종이 위에/ 볼펜글씨〉를 써 마음을 전달합니다. 다른 사람은 알아볼 수 없는 글씨지만, 시인에게는 삐뚤거리는 글씨가 보석과도 같습니다. 이렇게 소통을 하면서 환자의 몸과 마음을 돌보는 마음에 놀랍니다.

때에 따라 고통이 극심해진 환자는 몸부림을 치기도 합니다. 〈오늘도/ 당신은 중환자실/ 침대에 누운 채/ 두 손이 묶여 있습니다.// 입에는/ 인공호흡기/ 코에는/ 코 줄을 매달고// 두 눈만 깜박일 뿐/ 아무 말〉도 하지 못합니다. 손이 묶여 있는 아내의 모습에 시인은 눈물만 흘릴 뿐입니다. 그러던 시인은 〈내가 누구인지/ 알 수 있으면/ 고개〉를 끄덕여 보라고 하여 아내의 상태를 확인하며 간병합니다.

당신이
인공호흡기를 입에 물고
괴로워해서 떼어달라고 했더니
화가 난 여의사가
중환자실 병실 문을 들어섭니다.

보호자가
의사 말을 따르지 않는다고
화난 목소리로
빨리 각서를 쓰라고 합니다.

여보,
각서를 쓰며
내 마음은
삶과 죽음을
넘나들고 있습니다.

—「각서」 일부

수많은 나날을 이렇게 간병하면서 한정민 시인은 〈여보/ 죽지 말고/ 꼭 살아서 퇴원을 하여/ 행복하게/ 웃으면서〉 살자고 환자의 귓가에 속삭입니다. 때로는 눈물을 흘리며 아내를 향하여, 빨리 나아서 남보란 듯이 살자고 큰 소리로 약속을 합니다. 듣고만 있는 아내가 야속하여 소리를 지르지만, 이러한 외침은 아내를 향한 소리라기보다, 아픈 아내를 위하여 아무 것도 해줄 수 없는 자신의 무기력에 대한 분풀이이기도 합니다.

드디어 시인의 아내는 〈불러도/ 흔들어도/ 말을 못〉합니다. 〈두 눈을 감고/ 가쁜 숨만〉 몰아쉽니다. 그리하여 시인은 〈하나님/ 우리 집사람을/ 살려주십시오.〉라고 절절하게 기도합니다. 그렇지만 아내는 〈중환자실 병실에서/ 곁을 아주 떠나려〉 합니다. 그런 아내에게 시인은 〈맹세컨대 살아생전/ 당신만을 사랑했습니다.〉라고 마지막 고백을 합니다. 그 말을 듣고 아내의 영혼만이라도 평안하기를 소망하는 까닭입니다. 이렇게 〈아들하고/ 둘이/ 외롭게〉 아내의 임종을 지킵니다.

당신은 떠났습니다.
아주 먼
하늘나라
하나님 곁으로 갔습니다.

사랑하는
아들 딸
그리고 형제와 나를 두고
머나먼
저승길로 갔습니다.

여보!
이승에서
마지막으로
당신을 소리쳐 불러봅니다.

진실로 고백하건대
살아생전
당신만을
사랑했습니다.

―「먼 훗날」 일부

시인은 화장한 아내를 유골함에 담아 임시로 시립 납골당에 안치합니다. 먼 훗날 자신이 숨을 거두면 고향에 있는 종산으로 가지 않고, 자신이 '국가유공자'이기 때문에 대전국립묘지에 안장(安葬)됩니다. 그때 합장(合葬)해 달라고 아들에게 부탁합니다. 집에 돌아와 아내의 물건을 정리합니다. 아내의 옷들이 검은 연기 속에 하나 둘씩 사라져가는 모습을 보다가, 〈함께 손잡고 오를 때 입던/ 빨간 등산복은/ 태우지 않고〉 아내의 유품으로 남깁니다.

이후 여러 해가 지나도록 시인은 아내를 잊지 못합니다. 혼자 산행을 하면서도 아내와의 추억을 반추(反芻)합니다. 〈많은 사람들이/ 눈 쌓인 산길을 오르내려도/ 그 속에〉 아내는 없습니다. 산 정상에서 아내를 소리쳐 불러도 대답이 없습니다. 아내를 잊기 위해 남은 가족과 함께 해수욕장에 갔을 때도 〈서러움은 더하고〉 폭죽을 터뜨리고 불꽃놀이를 해도 〈당신이 없는〉 해수욕장은 서럽고 외로움만 더합니다.

시인은 수시로 납골당을 찾습니다. 아들과 둘이 가기도 하고, 혼자 가서 아내를 생각하며 눈물을 흘립니다. 〈겨울이 가고/ 꽃 피는 봄이 오면/ 진달래꽃/ 한 아름 꺾어들고〉 다시 찾겠다는 약속을 합니다. 49재를 맞아 〈당신도/ 49재가 지났으니/ 하늘나라에서/ 더 좋은 세상을 만나서/ 잘 살기〉를 바라며 명복을 빕니다. 그럴수록 그리움은 깊어져 〈암환자인/ 당신을 간병하며/ 슬픔을 나누던 병원생활〉이 오히려 좋았었다고 고백합니다.

3.

한정민 시인은 1944년 4월 25일 전남 진도군 군내면에서 출생하고 성장합니다. 섬사람들은 대부분 어업에 종사하거나 농업을 겸합니다. 그렇지만, 그의 집안은 농사를 지어 사느라 고생스러웠던 것 같습니다. 군내초등학교를 졸업하고, 진도서중학교에 재학할 때 여러 갈등에 직면합니다. 가난한 농부의 아들로 농사를 짓고 살아야 하는 것, 앞으로 자신이 헤쳐 나가야 할 방향, 성공하기 위해 해결해야 할 일 등을 심도 있게 고민합니다.

그래서 중학교 재학시절에 용기를 내어 가출을 합니다. 현대그룹을 일군 정주영 명예회장이 소 판 돈을 들고 가출하였듯이 그도 용기를 냅니다. 현실에 실망한 젊은이들이 가출을 하여 새로운 길을 모색하는 것은 삶의 원심력으로 이해할 수 있습니다. 낙심한 젊은이들에게는 어디론가 훌훌 떠나서 새로운 삶을 찾아야겠다는 모험심이 작용합니다. 이러한 탈출구에 의하여 새로운 삶을 열어 성공하는 경우도 있습니다.

그러나 청운의 꿈을 간직하고 감행한 시인의 가출은 도시의 깡패를 만나 좌절됩니다. 고향으로 내려갈 차비만 남기고 모두 빼앗기는 바람에 일장춘몽이 됩니다. 그렇지만 귀가(歸家)할 명분이 없던 그는 여러 일을 전전하다가 1965년 베트남 전쟁에 참전합니다. 〈포화 속/ 월남 땅 전쟁터〉로 떠납니다. 〈눈물 속에/ 부산항구// 부두〉를 뒤로한 채. 월남전에 참전합니다. 그가 전사하면 그 보상을 받아 가족들만은 잘 살 수 있으리라는 희망 하나로 무작정 참전한 효자입니다.

뙤약볕 아래
쏘던 총을 놓고

병사가
피우는 불꽃

야자수 사이로
피어오르는

연화(煙火) 속에
향수가 탄다.

— 「연화(煙火)」 전문

그는 1967년까지 월남전에 참전하여 '국가 유공자'가 됩니다. 가족을 위한 감행이었던지라, 전쟁터에서 그는 부친에게 월급을 송금하면서, 모아지는 대로 농지를 구입하도록 부탁드립니다. 부친은 아들의 생명을 담보한 눈물겨운 돈이어서 쓰지 않고 모아 땅을 삽니다. 여섯 마지기를 사서 서 마지기는 큰 아들 이름으로 등기를 하고, 서 마지기는 한정민 시인 앞으로 등기를 하여 그 농토가 아직도 남아 있습니다.

1969년에 전매청(지금의 담배인삼공사)에 공무원으로 채용되어 대전 시민이 됩니다. 아내와 결혼을 하여 1남 2녀를 양육하며 행복하게 삽니다. 하나님의 뜻이었는지 모르지만, 기억조차 하기 싫은 일이 벌어집니다. 2002년에 그의 아내가 '폐암'이라는 진단을 받습니다. 서울에 있는 국립 암센터를 비롯하여, 대전의 몇몇 병원에서 치료를 받습니다. 그러나 가족들의 극진한 간병 속에서도 쾌차하지 못하고, 2005년에 작고합니다.

한정민 시인은 아내의 발병(發病)에서부터 별세까지, 그리고 그 후의 그리움과 사랑을 시로 짓습니다. 그의 시에 담겨진 절절한 사랑, 아내에 대한 순애보(殉愛譜)는 문학적 수사(修辭)보다 감동적입니다. 진실은 어떠한 표현력보다 더 절실한 감동을 생성합니다. 그런 의미에서 이 작품들은 천금의 가치가 있습니다.

이제 상처(喪妻)로 인한 애상적 정서에서 조금씩 벗어나, 새로운 삶의 희로애락(喜怒哀樂)이 오롯한 작품 창작을 기대합니다. 추억은 아름답지만, 새로운 추억을 만드는 일도 소중한 일입니다. 이렇듯이 훌륭한 작품 창작을 기대하며 작품 감상을 맺습니다.

‖ ‖ ‖ ‖ ‖ **차례** ‖

제1부 당신의 손

제2부 그림자

제3부 포성이 멈추지 않는 월남땅

제4부 고향이 피어오른다

당신의 손

항암주사 1

당신은
국립암센터 항암주사실에서
오늘도
일곱 번째 항암주사를 맞고 있습니다.

먹은 음식을 다 토해내고
온 몸은 고열에
괴롭고 힘이 들어도, 당신은
병을 고쳐보려고
항암주사를 맞습니다.

초기암 환자들은
항암주사가
5년 생존율이 높다고 하지만
말기암이라서
겁부터 납니다.

여보,
당신의 까만 머리카락이

하나 둘씩
빠지기 시작합니다.

〈 2003. 5. 10 〉

항암주사 2

오늘도
당신은 국립암센터
항암주사실에서
열일곱 번째
항암주사를 맞고 있습니다.

고열에
괴롭고 힘이 들어도
여보
희망을 버리지 말고
조금만 더 참아봅시다.

초기암
환자가족은 밝게 웃고
말기암 환자가족들은
불안해 어찌할 줄 모릅니다.

그래도
당신 빠진 머리카락이

하나 둘씩
까맣게 돋기 시작합니다.

〈 2004. 6. 10 〉

방사선 치료

당신은 내일부터
방사선 치료를 합니다.
오늘은 기사들이
방사선 치료를 위해
당신 가슴에 그림을 그립니다.

열일곱 번 항암 주사에도
당신 폐암은 더 깊어만 가고
붙이며 먹는 진통제로는
당신 가슴에
파고 드는 암 통증을 막을 길 없어
서른 두 번째
방사선 치료를 해야 합니다

여보, 방사선 의사는
항암주사 때보다
더 어려운
고통도 올 수 있답니다.

〈 2005. 11.10 〉

용서

당신은
병실에서
가슴 통증 때문에
잠을 이루지 못할 때는

병실 벽
비상벨을 눌러
간호사가 갖다주는
진통제
신경안정제를 먹습니다.

많은 날
간호사에게
진통제 양을 올려달라고
괴롭고
힘이 들어 하더니

오늘은
여의사가

중환자실로 옮기라고 합니다.

여보
용서해주오
당신을
괴롭게 힘들게 해서

죽지 말고
꼭
살아서 일반병실로
돌아와야 합니다.

〈 2005. 12. 10 〉

중환자실

십이 층
엘리베이터
문이 열리고

당신은
간호사 딸린
침대에 실려
중환자실로 옮겨 갑니다.

간호원들은
혈압
체온을 체크하며
분주하게 움직이고

인공호흡기를 입에 문
당신을 보고
여의사는
아무런 말이 없습니다.

여보!
숨을 거두지 말고
꼭 살아야 합니다.

나는
중환자실 안내원에 떠밀려
병실 문을 나섭니다.

〈 2005. 12. 10 〉

눈이 옵니다

눈이 옵니다.
어제도
오늘도 또 눈이 옵니다.

올 들어 처음인
흰 눈을
병상 밖으로 바라보며

말기 암환자이면서도
환하게 웃던
당신

지금은
중환자실 침대 위에
인공호흡기를 이렇게
입에 넣고

나
그리고 아들 딸을 바라보며

말도 못하고
두 눈만 깜빡입니다.

〈 2005. 12. 11 〉

기도

여보!
오늘은
당신 얼굴을
마주 바라볼 수 없습니다.

중환자실 간호사가
당신의
두 손발을
꽁꽁 묶어놓고

진통제하고
신경안정제를
먹여서
대화 한번 못하고
병실 문을 나섭니다.

하나님
살려주세요!
우리 집사람을

앞으로

더욱 더 열심히

당신을 위해 기도를 드리렵니다.

〈 2005. 12. 12 〉

면회

마음졸이며 기다린
열한시 삼십분
중환자
병실 문이 열립니다.

인공호흡기를
입에 문 당신은
두 손발이 꽁꽁 묶인 채
두 눈으로
우리를 맞이합니다.

여보,
묶인 손을 풀었으니
볼펜으로 종이 위에
글씨라도 써서
마음을 전해주오.

십 분 이십 분
시간은 자꾸 지나고

힘이 빠진
당신의 손은
떨기만 합니다.

여보,
우리 이렇게
저녁 면회시간에
또 만납시다.

안녕.

〈 2005. 12. 14 〉

일주일

중환자실
침대에 누운 지
벌써 일주일

지금도
인공호흡기를 입에 문
당신은

흰 종이 위에
볼펜글씨로
일반 병실로 가고 싶어 하지만

여의사는
아직은 숨이 차고
맥이 빨라
갈 수 없다고 합니다.

여보,
고생스럽더라도

우리 조금만 더
기다려 봅시다.

〈 2005. 12. 15 〉

인공호흡기

당신은
면회 때마다
중환자실
침대에 묶인
두 손을 풀어주고
종이와 볼펜을 내밀면

입안에
인공호흡기를 떼어달라고
떨리는 손으로
글씨를 씁니다.

입안에 달린
인공호흡기 때문에
말도 못하고
먹지도 못해
괴롭고 힘이 들다고.

의사 선생님!
모든 책임은
남편인 내가 질 테니

집사람
입에 물린
인공호흡기를 떼어주십시오.

〈 2005. 12. 16 〉

각서

당신이
인공호흡기를 입에 물고
괴로워해서 떼어달라고 했더니
화가 난 여의사가
중환자실 병실 문을 들어섭니다.

보호자가
의사 말을 따르지 않는다고
화난 목소리로
빨리 각서를 쓰라고 합니다.

여보,
각서를 쓰며
내 마음은
삶과 죽음을
넘나들고 있습니다.

인공호흡기를 떼어낸
여의사는 아무 말 없이

중환자실문을
빠져 나가고

중환자실 간호사가
당신 곁으로
다가섭니다.

〈 2005. 12. 17 〉

링겔 바늘

오늘도
당신 팔
링겔 바늘에서는

영양제가
한 방울 두 방울
멈추지 않고
뚝뚝 떨어집니다.

중환자실
침대에 손발이
꽁꽁 묶인 지
오늘로 열흘입니다.

물 한 모금 먹지 못한
당신은
배가 고파
두 눈으로
나를 바라봅니다.

그러나
여의사는
영양제만으로도
영양공급이 충분하다며
중환자실
병실 문을 빠져나갑니다.

〈 2005. 12. 17 〉

간호사

중환자실
병실 문을 들어서는
내 마음
떨리고 불안합니다.

어제
의사선생님한테
각서 쓰고
당신 인공호흡기를
떼어냈습니다.

여보,
밤을 새우며
당신 상태가 궁금해서
잠을 이루지 못했습니다.

지금은
병실 간호사가
당신의 호흡도

맥박도
혈압도
모두가 정상이라고 합니다.

오!
하나님
감사합니다.

〈 2005. 12. 17 〉

전화

여의사가
다시 인공호흡기를
달자고
전화가 왔습니다.

힘이 들고
괴롭지만 다시
인공호흡기를
달아야
한답니다

그대로 두면
이산화탄소가
많이 쌓여
뇌경색이 올 수도 있답니다.

여보,
얼마나 힘이 들었소?

인공호흡기를
입에 물고

당신은
의식을 잃고
깊은
잠이 들었습니다.

〈 2005. 12. 18 〉

앰뷸런스

오늘은
입에 물린
인공호흡기 때문에
말을 못하는
당신은

면회시간에 가져온
종이 위에
볼펜글씨를 씁니다.

답답한
중환자실을 떠나
집으로 가자고
앰뷸런스를
불러오라 합니다.

그러나
여의사는
코 줄과 인공호흡기를

뗄 수 없다고
병실 문을 나갑니다.

괴롭고
힘이 들어도
일주일만 지나면
일반병실로 갈 수 있다고 합니다.

〈 2005. 12. 18 〉

코 줄

오늘도
당신은 중환자실
침대에 누운 채
두 손이 묶여 있습니다.

입에는
인공호흡기
코에는
코 줄을 매달고

두 눈만
깜박일 뿐
아무 말을 할 수 없습니다.

여보,
내가 누구인지
알 수 있으면
고개라도
한 번 끄덕거려 보오.

그래도
간호사 말은
혈압
체온
맥박이 정상이랍니다.

〈 2005. 12. 19 〉

수액

중환자실
병실 문이 열리고
안내원이
당신 이름을 부를 때마다
내 마음도 아픕니다.

오늘도
인공호흡기 때문에
물 한 모금 먹지 못하고
가슴팍 동맥
링겔주사바늘에서는
수액이 한두 방울씩 떨어집니다.

그래도
병실에서
물 한 모금도 먹지 못하는
당신은 수액때문에
암하고 싸울 수 있답니다.

여보
죽지말고
꼭 살아서 퇴원을 하여
행복하게
웃으면서 살읍시다.

〈 2005. 12. 20 〉

폐렴

당신은
온 몸에 열이 나고
먹으면
토해내는

국립암센터
열일곱 번째 항암주사도

괴롭고
힘들었던 을지대학병원
서른아홉 번
방사선 치료도
아무런 소용이 없습니다.

마지막에는
폐렴까지 와서
이렇게
중환자실 병실에서

어제도
오늘도 두 눈을 감은 채
말이 없으니
내 마음
답답하기만 합니다.

〈 2005. 12. 21 〉

말

오늘도
당신은 중환자실
침대에

두 눈을 감고
의식을 잃은 채
잠이 들었습니다.

여보,
내가 왔습니다.
눈
한번 떠 보오.

불러도
흔들어도
말을 못하는
당신은 두 눈을 감고
가쁜 숨만 몰아쉽니다.

여보,

오늘은

고열에 저혈압

맥박마저

고르지 못합니다.

〈 2005. 12. 21 〉

전도사

오늘도
중환자실
병실 문이 열리고

많은 사람들이
하나 둘씩
병실 안으로 들어섭니다.

오늘은
신탄진 제일감리교회
박 전도사님이
당신을 위한
기도를 드립니다.

여보,
우리도 함께 기도합시다.
예수 그리스도의 이름으로
기도드립니다.

하나님
우리 집사람을
살려주십시오.

〈 2005. 12. 22 〉

섧다

섧다
섧다 해도 웬만한
서러움이 아닙니다.

100일 전만해도
암환자답지 않게
그 곱던
당신 얼굴

많은 날
병상에 시달려
지금은
뼈만 앙상한
모습으로 변했습니다.

하루에도
수없이
진통제하고

신경안정제로 살아가는
당신

어느 날
그 곱던
당신 얼굴을 다시 볼 수 있을까요?

〈 2005. 12. 23 〉

큰 바늘

오늘은
팔 다리가
많이 부어올라
링겔
바늘을 꼽을 수 없어

당신
가슴팍
동맥에
큰 바늘을 꼽자고 합니다.

수액
그리고
혈압 강장제
각종
약들을 써보지만

여의사는
혈압이 떨어지고

맥박이
고르지 못해

병실 밖
멀리 가지 말고
문 밖에서
대기하라 합니다.

〈 2005. 12. 24 〉

안내원

여보!
눈이라도
한번 떠 보오.
아들 딸
그리고 내가 왔소.

오늘은
두 눈을 감은 채
당신
몸이 굳어가고
의식을 잃어가고 있습니다.

그래도
어제는
눈도 뜨고
고개를 끄덕이며
의식은 있었습니다.

여보!
내일 면회시간에도
살아서 숨쉬는
당신을
다시 볼 수 있을지,

중환자실
안내원에 떠밀려
병실 문을 나서는
내 마음은
한없이 서글퍼집니다.

〈 2005. 12. 25 〉

| 투병 중에 입으로 쓴 아내의 글씨 |

"다들 코 줄을 빼가지고 말하는데 나는 코 줄을 안 빼서 말못한다. 말 한마디 못하는게 사람이야. 코 줄 빼도 괜찮아"

"집에 가고 싶어. 앰뷸런스 5일만 오라고하면
어제 여자 한 명 갔어."

"선생님한테 말해, 결혼한다고.
힘들게 해서 못있어. 점점 못가게 해.
가라고는 절대 안 하니까 앰뷸런스 불러."

그림자

임종 1

중환자실 병실에서
당신은
내 곁을 아주 떠나려 합니다.

사랑하는 아들 딸
남편마저 몰라보며
가쁜 숨을 몰아쉽니다.

지금
당신이 이승을 떠나면
나는 어찌 살라고

여보, 이승에서
마지막 당신 이름을
불러봅니다.

맹세컨대 살아생전
당신만을 사랑했습니다.

〈 2005. 12. 25 〉

임종 2

오후
16시 30분
중환자실
간호사가 임종이 다가왔다며
바쁘게 움직이고

빨리
가족 친지에게
연락하라며
담당 의사를 부릅니다.

어제
진도에서 올라오신
형님 조카는
오늘
진도로 다시 내려갔고

여보,
당신 엄마

그리고
언니 처남들은
연락을 해도 오질 않습니다.

담당의사는
당신 얼굴에
하얀 가운을 덮고 나서
병실 문을 나서고

아들하고
둘이
외롭게
당신 임종을 지켰습니다.

〈 2005. 12. 26 〉

먼 훗날

당신은 떠났습니다.
아주 먼
하늘나라
하나님 곁으로 갔습니다.

사랑하는
아들 딸
그리고 형제와 나를 두고
머나먼
저승길로 갔습니다.

여보!
이승에서
마지막으로
당신을 소리쳐 불러봅니다.

진실로 고백하건대
살아 생전

당신만을
사랑했습니다.

지금은
당신 곁으로 가지 못해도
먼 훗날
먼저 간 당신이 부르면

그 때,
웃으면서
당신 곁으로 가렵니다.

〈 2005. 12. 27 〉

화장

지금
당신은
괴롭고 힘들었던
이승을 하직하고

화장터
불 항아리 속에서
두 눈을
감은 채
훨훨 타고 있습니다.

한 시간이
지나
한 줌 재로 변한
당신을
유골함에 담아
시립 납골당에
안치합니다.

여보,
먼 훗날
나도
숨을 거두면
고향에 있는 종산으로
가지 않고

당신하고
둘이 합장을 하여
대전국립묘지에
안치하기로 했습니다.

〈 2005. 12. 28 〉

납골당

유골함에 담긴
당신은
시립 화장터에서
아들 딸
그리고
형제 자매들하고

영구차로
구봉산
납골당에
도착을 했습니다.

벌써
열한시
마지막 영결식을
마치고

납골당
관리인은

지하일층 유골함에
7969번에
당신을 안치하고
문을 닫습니다.

여보!
삼우제날
우리 다함께
다시 오리다.

〈 2005. 12. 28 〉

옷장정리

내일이
삼우제
오늘은
장롱 속 당신 옷장을
정리했습니다.

여보,
옷장 서랍 속에
당신의
손때가 묻어

버리기 아까운 물건을
하나 둘씩
보따리에
챙겨서 묶고 있습니다.

그동안
당신이 입고 살았던
낯익은

많은 옷들이
검은 연기 속에
하나 둘씩 사라져갑니다.

그래도
함께 손잡고 오를 때 입던
빨간 등산복은
태우지 않고 남겼습니다.

〈 2005. 12. 30 〉

삼우제

당신이
숨을 거둔 지
6일
오늘이
삼우제날

구봉산 납골당
관리인이
납골당 문을 열었지만
당신은
아무 말이 없고

앞으로는
당신이 웃는 모습을
내 살아생전
다시는
볼 수 없습니다.

여보,
오늘도
당신을 홀로 남겨두고

납골당을 떠나는
내 마음
서글퍼 옵니다.

〈 2005. 12. 31 〉

교회

오늘은
당신이 숨을 거두고
첫 번째 맞이하는
일요일

아들
그리고 두 딸하고
우리 가족
교회에 나와서

목사님 설교말씀에
귀 기울이며
당신을 위한
기도를 드립니다.

여보,
하늘나라에서 당신은
우리들을
바라볼 수 있겠지만

나는
당신을 볼 수 없습니다.

그래도
나는 기쁩니다.
이렇게 아들 딸들하고
당신을 위한
기도를 할 수 있어서.

〈 2006. 1. 8 〉

이웃집 아주머니

아침에
대문 앞에 내 놓은
종이뭉치
빈 공병을

이웃집
아주머니가 주워가며
당신 병원소식을
묻습니다.

나는
당신이
숨을 거둔 것을 말 못하고
눈시울을 적시며
허공을 쳐다봅니다.

당신은
이웃집
아주머니가 생활이 어렵다며

신문지 공병
헌 옷가지를 늘 챙겨주었습니다.

오늘
이웃집 아주머니는
당신이 폐암에 걸려
고생이 많다며
불쌍해합니다.

〈 2006. 1. 10 〉

장모님

아침에
당신 엄마가
대문을 열고
방안에 들어오십니다.

매 끼니 때마다
밥을 잘 챙겨먹으라고
신신당부를 하고

젊은 사람이
어떻게 혼자 사느냐고
벌써
재혼 말을 꺼냅니다.

여보,
지금은
아들이 옆에 있어
외롭지 않고
끼니도 굶지 않습니다.

그래도
당신 엄마는
자신보다 먼저 간 당신을
원망하며
대문을 나섭니다.

〈 2006. 1. 10 〉

산행 1

오늘은
당신이
숨을 거둔 지
열이레
아픈 마음에 문을 열고

이렇게
혼자서 눈 쌓인
산 길 따라
산행을 합니다.

여보,
많은 사람들이
눈 쌓인 산길을 오르내려도
그 속에
당신은 없고

산 정상에서
당신을

소리쳐 불러도
대답이 없습니다.

그래도
낯익은 사람들이
산길을 거닐며
인사를 합니다.

〈 2006. 1. 11 〉

산행 2

저 산모퉁이에
당신을 두고 온 지가
열이레인데,

마음을 어디에 둘지 몰라
난 무작정 길을 나섭니다.

무의미한 세상 속에서
따라오는 이 없는데
특별히 정한 곳도 없이
난 하염없이 걸음을 재촉하고

홀로
눈 쌓인 산길 따라 걸어 봐도
온통 당신의 얼굴 밟히는데

겨울 찬바람은
앙상한 가지에 와서 멈추었다가

내게로 다가와서
소리치며 갑니다.

꼭대기에서 당신을 불러 봐도
되돌아오는 것은
빈 소리요 메아리뿐인데
가신 님 여기 두고 가려니
흐르는 눈물이 넘치어
흰 눈으로 물들여 놓고
맥 빠진 맥주처럼 살아가고 있습니다.

기다리소!
곧 나도 가리다.
우리네 가는 곳 어차피 거기인 걸,
재촉마소!

〈 2006. 1. 11 〉

대천 해수욕장

오늘은
승용차로
아들 딸
그리고 사위하고
대천 해수욕장에 왔습니다.

여보,
해변 포장마차에서
멍게하고
해삼을 안주로
소주를 마셔도
서럽고

횟집에 가서
낙지하고
광어를 안주로
맥주를 마셔도
서러움은 더하고

바닷가
모래사장에 나아가
폭죽을 터뜨리고
불꽃놀이를 해도

당신이 없는
대천 해수욕장은
서럽고
외로움만 더합니다.

〈 2006. 1. 15 〉

영정사진

외출하고
집에 돌아오면
당신이 없는
텅 빈 집안은
외롭고 쓸쓸합니다.

장롱 속
텅 빈 이불장에는
당신의
때가 묻은

이불하고
베개 하나가
오늘은
외로움만 더합니다.

여보,
당신이
살아 숨 쉬며 늘 바라보던

화장대
거울 속에도
당신은 보이지 않고

벽에 걸어놓은
영정사진은
말없이
나를 바라봅니다.

〈 2006. 1. 16 〉

행복

당신은
폐암으로 고생을 하다가
하나님 곁으로
떠났습니다.

그래도
당신은
홀로 남은 나보다는
행복합니다.

중환자실
당신 곁에는
사랑하는 아들 딸
그리고
내가 있었고

마지막
숨을 거둘 때까지

외롭지 않게
간병을 했습니다.

남들은
당신이 너무 빨리
하나님 곁으로 갔다고 하지만
홀로 남은 나는
앞날이 캄캄합니다.

〈 2006. 1. 17 〉

그림자

오늘은
신탄진 5일 장날
시장에 나오니
당신이 없는 장날은
외롭고 쓸쓸합니다.

시장통
생선가게 아줌마가
당신 소식을 묻고
떡 방앗간 아줌마도
당신을 아는 모든 사람들이 궁금해 하지만

차마
당신이 하나님 곁으로 떠났다고
가슴 메이어 말 못하고 발길 옮기어
이곳 저곳 거닐다가

순대국밥에
막걸리 한 잔을 들이키고

또 한 잔을 더 마셔도
여보, 취기는 없고

당신을
잃어버린 슬픔을 잊으려고 하여도
내 마음속 깊은 곳에 있기에
당신의 그림자를 지울 수 없네.

〈 2006. 1. 18 〉

그리움

여보,
내가 왔습니다.
오늘은
아들하고 둘이서 왔습니다.

당신은
구봉산
납골함에
홀로 잠이 들었지만

지금도
나는 자나 깨나
그립고
보고 싶은
당신 생각뿐입니다.

오늘도
납골함에 홀로 잠든

당신 얼굴을
차마 볼 수 없습니다.

겨울이 가고
꽃피는 봄이 오면
진달래 꽃
한 아름 꺾어들고
다시 오리다.

〈 2006. 1. 19 〉

고향

오늘
당신을 떠나보내고
애들하고
고향 진도에 왔습니다.

안방에서
팔순 노모는
당신을 어떻게 하고
홀로 왔느냐고
끝내
울음을 터뜨립니다.

여보,
내가 퇴직을 하면
고향에서
노모를 모시고
함께 살자더니

당신은
진도 땅을 밟지도 못하고
머나먼
하늘나라로 떠났습니다.

지금
당신이 없는
고향땅은 외롭고
쓸쓸합니다.

〈 2006. 1. 20 〉

아들

어릴 때
동네 목욕탕에서
아들 등의 때를 밀어주면
아프다고 싫어하더니

오늘은
서른한 살 청년이 되어
찜질방에서
아빠 등에 때를 밀어줍니다.

여보,
당신이 내 곁을 떠나고
밥 짓기
설거지가 어렵고
힘들어도

지금은
당신이 없는 부엌에서

아들이 밥을 지어
밥상을 차려오고

식사가
끝이 나면 설거지도 하고
말벗이 되어주어
외롭지 않습니다.

〈 2006. 1. 22 〉

당신

오늘,
당신이
내 곁을 떠난 지
30일
한 달입니다.

슬픔에
잠겼던 아들도
공부한다며
서울로 떠나갔고

직장에서 돌아온
딸들도
저녁을 먹으면
힘들어하며
자기들 집으로 갑니다.

늦은 밤
안방에서

잠은 아니 오고
텔레비전을 켜면
당신 생각이 더합니다.

여보,
당신이 떠나버린
이 빈 자리가
이렇게 외롭게
서글플 줄
당신이 살아있을 때는
몰랐습니다.

〈 2006. 1. 24 〉

설날

오늘은
구정,
당신이 내 곁을 떠나고
첫 번째 맞이하는
설날입니다.

아들
그리고 딸이 있어
당신이
살아생전에 좋아하던
음식을 만들어

온가족이
차례 상 앞에 모여앉아
당신을 위한
기도를 합니다.

여보,
이승에서 살아 숨쉬는

우리가족은
모두 잘 있습니다.

당신도
하늘나라에서
더 좋은 세상을
맞이하여
잘 살기 바랍니다.

〈 2006. 1. 29 〉

성묘

설날은
구봉산
산기슭까지 왔다가
길이 막혀서
성묘를 못하고

오늘 정월 초이틀
아들
딸들하고 다시 성묘를 왔습니다.

당신이
내 곁을 떠나버린
올 설날은
외롭고
쓸쓸했습니다.

여보,
아들하고 딸이
당신이 살아생전에 좋아하던

음식을 준비해서
차례 상을 차렸습니다.

내년 설날은
더 많은 음식을 준비해서
차례 상에 올리겠습니다.

〈 2006. 1. 30 〉

철길

마을 앞
신작로 너머 하얀 눈 쌓인
녹슨 철길을 걸어갑니다.

당신하고
내가 늘 만나서
사랑을 꽃피우며 걸었던
철길을

많은 날
결혼해서 애들 낳고 키우느라
까맣게 잊어버리고
살아왔습니다.

여보,
내 곁을 떠난 당신을
석양 노을 속에
묻어놓고

오늘은

혼자서 외롭게

아름다운 추억을 되새기며

녹슨 철길을 걸어갑니다.

〈 2006. 2. 10 〉

49재

정월
대보름
당신이 내 곁을 떠난 지
49일
사십구재

오늘은
우리가족 모두가
구봉산
납골당에서
당신을 위한 기도를 합니다.

여보,
지금도
나는 자나 깨나
당신 생각을
잊어본 적이 없습니다.

오늘부터는
나도
당신을 잊으려고 노력하며
새로운 삶을
살아가렵니다.

당신도
49재가 지났으니
하늘나라에서
더 좋은 세상을 만나서
잘 살기 바랍니다.

〈 2006. 2. 12 〉

눈물

비탈진
산길을 돌고 돌아서
구봉산 납골당에 당신을 안치하고

내 곁에 당신이 없으니
아무리 닦아도 눈물이
멈추지 않고 흘러내립니다.

눈물을
참으려고 애를 써도 하염없이
두 볼을 적십니다.

당신이
살아있을 때 못 다한
사랑 때문에 흐르는 눈물입니다

여보,
용서해주오.
살아서 못 다한 사랑

나도 언젠가는
당신 곁에 가서 못 다한
사랑을 꽃피우고 싶습니다.

〈 2006. 2. 14 〉

죄

먼 길
하늘나라로
당신을
먼저 떠나보내고

마음이
울적할 때는
구봉산
납골당으로
당신을 보러 옵니다.

난
죄가 많은 인간이오.
기쁘고
행복할 때는
당신을 찾지 않고

늘
괴롭고 힘이 들면

오늘처럼
당신을 보러 옵니다.

당신의
죽음을 슬퍼하던
자식들도
날이 갈수록
멀어져가고

암환자인
당신을 간병하며
슬픔을 나누던 병원생활이
그리움만 커져 갑니다.

〈 2006. 2. 17 〉

어버이날

오늘은
어버이날.
한 송이 카네이션을
가슴에 안고
산을 오르니

오솔길
산모퉁이마다
송화 가루
바람에 나부끼고

철쭉꽃은
나를 보고 반갑다고
손짓하지만
당신 없는 세상은
너무 외로워

늦은 밤
아버지 마음 달래려

딸하고 사위가 찾아와
웃음꽃을 피우지만

당신 없는
텅 빈 집안은 더욱 외롭고
가슴 메어
잠을 못 이룹니다.

〈 2006. 5. 5 〉

편지

해질녘 노을이 피듯
아지랑이 같이 피어오르는
당신 얼굴이 보고 싶습니다.

다락방 문을 열고
아름다운 사랑의 소식 올까하고
집배원을 기다렸지만

낙엽은 가을바람에 춤을 추고
무지개처럼 피어오르는
당신의 얼굴이 더욱더 보고 싶습니다.

산 너머 황혼이 질 때까지
당신의 소식을 간절히 기다렸지만
끝내 소식이 없습니다.

그래도
대문을 활짝 열어놓고

당신 편지가 올까
창 밖으로 눈이 갑니다.

〈 2006. 10. 5 〉

3부

포성이 멈추지 않는 월남땅

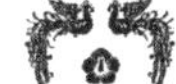

국가유공자증서

한 정 민

1944년 4월 25일 생

우리 대한민국의 오늘은 국가유공자의 공헌과 희생위에 이룩된 것이므로 이를 애국정신의 귀감으로서 항구적으로 기리기 위하여 이 증서를 드립니다

2011년 10월 1일

대통령 이 명 박

[illegible] 제 93-241830 호

국가보훈처장 박 승 춘

여의도

포화 속
월남으로 떠나기 전에
많은 병사들이 모인
행사장

여의도
백사장에서
모래가 섞인
밥을 먹으면서 지낸
일주일

힘이 들고
괴롭던 모든 훈련을
끝내고
미군 수송함에
몸을 실어야 합니다.

오늘은
고국을 떠나는

마지막
아들 얼굴이 보고파
면회를 오신
울—엄마….

불효자식
병사는 죽지 않고
꼭
살아서 돌아오리라

〈 1965. 10. 15 〉

월남

고국에
살아계시는
부모님
그리고 많은 전우들을
남겨두고

아름다운
고국을 뒤로하고
미군 수송함에
몸을 실은 병사들은

포화 속
월남땅 전쟁터로
눈물 속에
부산항구
부두를 떠나갑니다.

병사는
월남 전쟁터로

가는 길이
살아서 다시 고국 땅을 밟을지
애가 타지만

꼭
살아서 돌아와
웃음꽃을 피울 날을
마음속에 그리며
고국을 떠나갑니다.

〈 1965. 10. 17 〉

고국 땅

파도가
뛰노는 부산부두를 떠나서
벌써
일주일

포화속
월남
전선으로 향하는
많은 병사들은

할 말을 잊은 채
점점 멀어져가는
고국 땅을 바라보며
아쉬움에
애타합니다.

그래도
월남
전쟁터에서 다시

살아서
돌아올지
알 수 없지만

병사들은
서로 얼굴을 껴안고
꼭
살아서 돌아오자며
웃음꽃을 피웁니다.

〈 1965. 10. 21 〉

포성

비가 옵니다.
먼 월남 땅
포화 속
귀는 항구에
비가 옵니다.

이 밤에
잠을 자려고 땅굴을 파는
병사들의
얼굴에도
비가 내립니다.

막사 없는
전쟁터에서
죽지 않고
살아 숨을 쉬려면

모포하고
삽 한 자루로 땅을

깊이 파서
잠을 자야만 하는데

펑
펑— 월남 땅에서
처음 들어보는
포성에
잠을 이룰 수 없습니다.

〈 1965. 11. 2 〉

귀논항구

어둠이 깔린
월남 귀논 항구
험준한
계곡에서 울려 퍼지는

포성에
귀 기울이며
많은
병사들이
미군 수송함에서

20kg의
무거운 배낭을
어깨에 메고
병사들이

하룻밤을
묵을
잠자리를 위한

험준한
계곡을 힘들게 오릅니다.

그래도
나는
죽어서는 아니 되기 때문에
힘들게
깊은 땅굴을 파서

그 속에
텐트로 막사를 만들어
잠시
배낭을 내려놓고
고국을 그리며
잠을 청합니다.

〈 1965. 11. 3 〉

연화(煙火)

뙤약볕 아래
쏘던 총을 놓고

병사가
피우는 불꽃

야자수 사이로
피어오르는

연화(煙火) 속에
향수가 탄다.

〈 1965. 12. 1 〉

모기

모기 소리
웡웡 거리면
참호 속
병사는
잠이 아니 와서 좋다.

막사에서
수통에
담아온 커피를 먹어도
잠은 오고

터지는
포성
고참병 순찰시간에도
졸음은 옵니다.

그래도
초병의 두 눈에는
두고 온

고국 땅
고향이 그립습니다.

〈 1965. 12. 15 〉

포성

포성이
멈추지 않는
월남 땅

오작교 전투에서
포화 속에 많은 전우들이
하늘나라로
떠나고

베트공
시신은
숲속 계곡마다
하나둘씩
쌓여갑니다

아!
포화 속
월남 전쟁이

언제나 멈추라.

참호 속
병사의 두 눈에
고국에 두고 온
부모형제
그리고
많은 사람들의 얼굴이
피어오릅니다.

〈 1966. 6. 7 〉

귀국

포화 속
월남에서 1년하고
육 개월
귀논을 떠나서
고국으로 귀국을 합니다.

포화 속 전선에서
생사고락을 같이하고
웃음꽃을 피웠던
전우들을
하늘나라로 보내고

살아남은 많은
전우들이
귀국선을 타고
고국으로 향하고

나는
고국의 부모님을

가슴에 안고

귀국선을 타니 행복합니다.

〈 1967. 3. 1 〉

기와집

터지는
포성에

참호 속
병사는 잠못 이루고
고국에 두고 온
고향을 그리며

쌓았다
헐었다

기와집
열두 채.

〈 1967. 2. 10 〉

고향이 피어오른다

고향

금빛 노을이
뛰노는
바닷가 선착장

고향 길
여객선이
뱃고동 소리 울리며
부둣가에 다가옵니다.

그 위에 갈매기 날고
고향 길 찾아오는
사람들이
목선에 오르내리면

석양 멀리
나의
시선은
고향이 피어오른다.

〈 1964. 5. 10 〉

소쩍새

달 밝은
뒷산에
소쩍새 운다.

달빛 새어드는
병실에서 죽어간
소녀

소쩍새 울음소리
귀 기울여 들었는데

이 밤에
저렇게 서글피 우는
소쩍새

죽어가는
소녀의 영혼 아닌가.

남몰래
소녀의 소생을
가슴 조여 빌며
사랑의 꿈
이루려 했거늘

아
또 또
소쩍 소쩍
가슴 파고드는
소쩍새 운다.

〈 1965. 5. 10 〉

시골버스 정류장

한낮에
고향으로 가는
고속버스가
텅빈 채로 터미널을
출발하고

고속버스는
고층 아파트가 밀집한
도심을 벗어나서

코스모스 꽃잎이
하늘거리는
시골길을 달려
고향으로 갑니다.

지금은 많은 사람들이 고향을
자가용으로
오고 가기 때문에

오고 가는
사람들이 적은
시골에
한가로운 정류장에는

시골
늙은 노인들이
산나물하고
고향내음을 팔고 있습니다.

〈 2010. 5. 30 〉

여름방학

여름방학
도시 아이들이 시골 친척집에
보따리 챙겨들고 놀러옵니다.

마을 앞 냇가에서
도시 아이들은
시골 애들하고
피라미 새끼를 잡으며

발가벗은 몸뚱이로
부끄러움도 모르고
물장구치며 수영을 하고

어둠이 오면
마당가에 모기불 피워놓고
할머님이
옛날이야기를 들려줍니다.

마을 앞 개울가 숲속에는
반딧불이 허공을 날으며 밤하늘에 시를 쓰고

물 고인 냇가에서는
개구리가 개굴개굴 여름밤을 노래합니다.

〈 2010. 8. 20 〉

큰 보따리

산골에
버스 안내양이
자동차 옆구리를 툭툭 치며
오라이 하고
소리를 치면

고향을 찾아오는
마을 사람들을 내려놓고
시골 버스는
마을을 떠납니다.

명절엔
마을 사람들이
크고 작은 보따리를 챙겨들고
고향을 찾아옵니다.

마을 공회당에서
가족을 기다리던 사람들은
오랜만에

만나서 반갑다며
웃음꽃을 피웁니다.

그래도 작은 보따리보다
큰 보따리를 들고 온
사람을
더 부러워합니다.

〈 2011. 2. 9 〉

명절

사람들은
섣달
그믐날
고향 가는 열차표를
사지 못해

입석표도
어렵게 구해서
열차 안으로
비집고 들어갑니다.

기차
바닥에 신문지 깔고
쭈그리고 앉아서
많은 사람들이
웃음꽃을 피우며
고향으로 갑니다.

명절엔
고향 가는 길이
괴롭고
힘이 들어도
아무도
불평을 아니합니다.

고향은
부모 형제가 살아있고
조상님
산소가 있어
모두가
고향을 찾아옵니다.

〈 2011. 2. 10 〉

부엉이

깊은 산 눈이 큰 부엉이 한 마리가
사랑을 나누기 위해
야삼경 깊은 밤에 어둠을 헤치고 길을 나선다.

오랜만에 둘이 만나 입을 조아린다.
못 이룬 사랑 때문에 창문을 나서는
부엉이 눈가에 눈물이 맺힌다.

수많은 세월, 사랑을 이루지 못한 부엉이는
그래도 사랑을 꽃 피우려고
천년송 가지 위에서 잠 못 이루며

오라 하는 데는 없어도
산길 따라 어둠 속으로 길을 나선다.
가을바람에 들국화 꽃잎은 하늘거리는데.

〈 2011. 10. 25 〉

삽살개

산간 집 뜨락에
목련이
바람에
나부끼는데

문설주 잡고
웃던
소녀는
뵈지 않고

마당가에
졸던
낯익은 삽살개가
꼬리를 친다.

숲의 두견새
저리 슬피 우는데….

〈 2012. 4. 5 〉

쌍둥이

산골을
놀이터로 커난
처녀

이태 전
이웃마을 총각한테
시집가더니

등에 업고
걸리고
쌍둥이를 낳아서
친정에 왔네.

〈 2012. 7. 30 〉

꽃밭

개나리
꽃이 피었습니다
지난해 가을
산에서 옮겨심은 개나리가
곱게 피었습니다.

몸이 아파서
산을 오르지 못하는
노인들을 위해서
마을회관 뜰 앞에
작은 꽃밭을 만들었습니다.

무릎관절염 때문에
산을 오르지 못하는 노인들이
휠체어를 타고
개나리꽃 향기에
웃음꽃을 피우고

학교에서
집에 돌아오는 초등학생들도
신기한 듯
개나리꽃을 만지며
즐거워 합니다.

〈 2013. 3. 31 〉

고양이

다락방 창문넘어서
방으로 들어온
고양이 한마리

먹을 것을 던져주니
야옹야옹
먹을 것만 받아먹고
안아주려면 도망친다

배가 고파
열어놓은
창을 넘어서
다시 들어온 고양이

가족들은
밖에서 자랐다면서
무서움에 떨다
정이 들었고,

많은 날
정이 들어버린
고양이를
밖으로 내보낼 수 없어
가축병원 찾아가 검진하고
목욕시켜 새친구 삼았다

물을 싫어해서
간호사 손목을 물고
발광을 하던 고양이
방에서 함께 잔다.

〈 2014. 2. 21 〉

먼 훗날

한정민 시집

발 행 일 | 2014년 4월 15일
지 은 이 | 한정민
발 행 인 | 李憲錫
발 행 처 | 오늘의문학사
출판등록 | 제55호(1993년 6월 23일)
주　　소 | 대전광역시 동구 삼성1동 125-6 한밭오피스텔 401호
전화번호 | (042)624-2980
팩시밀리 | (042)628-2983
홈페이지 | http://www.lito77.co.kr(홈페이지)
전자우편 | hs2980@hanmail.net

공 급 처 | 한국출판협동조합
주문전화 | (070)7119-1741~2
팩시밀리 | (031)944-8234~6

ISBN 978-89-5669-611-9
값 8,000원